L'OPÉRA

L'ACADÉMIE DE MUSIQUE ET DE DANSE · LE MUSÉE LA BIBLIOTHÈQUE

PAR CHARLES BOUVET

ÉDITIONS ALBERT MORANCÉ

RENSEIGNEMENTS GÉNÉRAUX

SUR

L'OPÉRA

I. ACADÉMIE NATIONALE DE MUSIQUE ET DE DANSE

Visite du monument. L'autorisation ne s'obtient que très difficilement. S'adresser à la Direction du théâtre, boulevard Haussmann (coin de la rue Glück).

Théâtre de l'Opéra. Indépendamment des affiches journalières, les spectacles de chaque semaine sont annoncés actuellement le lundi et le jeudi par voie d'affiches et de notes dans les journaux.

Les bureaux de location sont ouverts tous les jours, de 11 heures à 17 h. 30. Téléphone : Louvre 07-05.

II. BIBLIOTHÈQUE ET MUSÉE DE L'OPÉRA

Entrée : Rue Auber, Place Charles-Garnier (coin de la rue Scribe).

Jours et heures d'admission. Tous les jours, sauf les dimanches et jours fériés, de 11 heures à 16 heures pour la Bibliothèque, et de 13 à 16 heures pour le Musée.

Les deux services sont fermés pendant les fêtes de Pâques et du 1er juillet au 1er septembre.

Conditions d'admission. Le Musée est ouvert librement.

Pour la Bibliothèque, la carte nécessaire pour avoir communication de livres, dessins ou gravures, est délivrée par l'Administrateur, sur présentation d'une pièce d'identité.

L'OPÉRA

OUVRAGE ÉTABLI
PAR LES SOINS DES
ÉDITIONS ALBERT
MORANCÉ, A PARIS
30-32, RUE DE FLEURUS

1780

LIBRAIRIE CENTRALE
D'ART ET D'ARCHITECTURE
ANCIENNE MAISON MOREL
FONDÉE EN 1780

L'OPÉRA

L'ACADÉMIE DE MUSIQUE
ET DE DANSE · LE MUSÉE
LA BIBLIOTHÈQUE

PAR CHARLES BOUVET

ÉDITIONS ALBERT MORANCÉ

AVANT-PROPOS

N plein cœur de Paris, la masse immense de l'Opéra semble le pôle de la vie mondaine de la capitale, en même temps que l'expression la plus tangible de cette harmonie de pensée et d'art que l'on a coutume d'appeler l'esprit parisien.

*Il nous a paru intéressant de demander à l'éminent Administrateur de la Bibliothèque, des Archives et du Musée de l'Opéra, M. Charles Bouvet, comment notre Académie Nationale de Musique et de Danse s'est élevée, au cours des siècles, jusqu'à son prestige actuel, et comment, grâce à elle, notre art musical et chorégraphique est parvenu à égaler et même à supplanter celui de l'*alma mater *à laquelle il avait dû de naître.*

A la suite de cet aperçu historique, l'auteur a retracé brièvement la fondation et l'extension de la Bibliothèque et du Musée de l'Opéra, deux institutions qui sont du plus grand secours pour les historiens de la musique, et méritent d'être largement connues.

Enfin, le volume se termine par un Catalogue des principales pièces exposées dans ce Musée de l'Opéra, si émouvant à visiter pour les admirateurs des grands artistes dont le souvenir y est conservé, si utile aussi pour ceux qui ont la piété des vieilles choses, ou s'intéressent aux mœurs, aux costumes, et aux sites d'antan.

Dans sa forme volontairement restreinte, ce volume est appelé à renseigner pleinement les Parisiens sur une des institutions les plus anciennes et les plus célèbres de leur ville.

L'ÉDITEUR.

L'ACADÉMIE
DE MUSIQUE ET DE DANSE
(OPÉRA)

L'HISTOIRE de l'Académie de Musique est extrêmement complexe. L'étude de ses origines et l'observation des différentes phases de son établissement en France ainsi que celle des faits multiples qui suivirent cet établissement ont fourni la matière de nombreux ouvrages que nous essaierons de résumer le plus possible. Ce n'est donc qu'un aperçu de cette histoire que nous donnerons ici.

C'est Louis XIV qui créa l'Académie de Musique, mais c'est à Mazarin qu'elle dut de naître.

Cet organisme qui devait atteindre rapidement à un complet épanouissement, est issu d'un fait, minime en apparence et qui est passé presque inaperçu, non pas qu'il n'ait été mentionné en son temps, mais parce qu'on ne chercha en aucune manière à lui attribuer alors l'importance capitale qu'il eut en réalité par la suite : en 1654, Charles de Beys, un de ces petits poètes comme il y en eut beaucoup au XVIIe siècle, s'avisa d'écrire une Pastorale *en vers français* destinés à être *entièrement* mise en musique.

Cette idée fut féconde, elle contenait effectivement le principe de l'opéra.

Charles de Beys chargea Michel de La Guerre, excellent compositeur, du soin de confectionner la musique de sa pastorale *le Triomphe de l'Amour sur des bergers et des bergères.*

L'œuvre fut donnée le 22 janvier 1650, sous le patronage du cardinal de Mazarin, dans l'appartement qu'il occupait au Louvre.

C'est la première « comédie en musique » qui ait été représentée en France. Elle arrivait à son heure et était comme une conséquence de ce qui s'était produit avant son apparition. Pour s'en rendre compte, il nous faut, revenant en arrière, jeter un coup d'œil sur la forme opéra, telle qu'elle venait d'être apportée d'Italie en France grâce aux goûts et à l'influence de Mazarin.

Le mot « *opéra* », qui vient du latin et de l'italien, n'a son sens musical exact que si on lui ajoute un qualificatif, on dit alors justement : *opera in musica, opera seria, semi-seria, opera buffa.*

Au reste la vraie dénomination italienne de l'opéra est : *dramma per musica.*

Le « drame musical » naquit en Grèce, où les tragédies d'Eschyle, de Sophocle et d'Euripide étaient évidemment récitées, mais aussi, selon toute probabilité, soutenues par des instruments auxquels étaient ajoutés des chœurs chantant presque continuellement à l'unisson. (Il est à peu près certain que la seule harmonisation des Grecs était constituée par la quarte, la quinte et l'octave.) Cependant il est bien difficile de se faire une idée tant soit peu précise de la forme artistique du drame musical grec, les éléments propres à nous éclairer sur sa structure et son esthétique ne subsistant que d'une façon tout à fait insignifiante. Il n'est pas douteux cependant que cette forme de l'art du Peuple-Roi n'ait eu une grandeur et une puissance inouïes. Déjà au XVe siècle, les premiers Renaissants en furent éblouis, mais ce n'est qu'à la fin du XVIe que prit corps l'idée de reconstituer et de rénover le drame musical. C'est à Florence, dans la demeure célèbre du comte Bardi, véritable cénacle où se réunissait un groupe d'hommes délicats, cultivés, érudits, que naquit cet important mouvement artistique.

Voulant réagir contre l'art du contrepoint, qui était surtout dominé par la science au détriment de l'émotion, de la sensibilité, Bardi et son entourage arrivèrent à convaincre deux musiciens de talent, Giulio Caccini et Jacopo Peri, qu'un genre de musique, sorte d'art ancien rénové, devait être créé. La solution que trouvèrent ces deux artistes ralliés aux idées de Bardi, fut le chant monodique (à une voix) accompagné par des instruments.

Tout d'abord, la source de cette « nouvelle musique » fut assez peu abondante, mais au début du XVIIe siècle, lorsqu'en 1602 Caccini publia son livre des *Nuove musiche,* le mouvement imprimé par les Florentins à la musique monodique prit un essor important et général.

Peu à peu, des hommes de génie, tels que Monteverdi, Cavalli, Cesti, Legrenzi, etc., développèrent l'idée première en ajoutant au principe de la monodie des « dialogues » (duos, trios et quatuors), si bien que lorsque Mazarin appela à Paris des troupes italiennes, qui représentèrent successivement *la Finta Pazza,* de Strozzi et *Orfeo e Euridice,* le genre était déjà parvenu à un état de perfection fort avancé.

C'est ainsi que s'accrut en France le goût de la « Pièce avec musique ». C'est aussi l'exemple donné par les Italiens qui fit naître dans l'esprit de Charles de Beys l'idée d'écrire sa pastorale en musique, non pas qu'il ait voulu copier les modèles que lui fournissait l'Italie; bien au contraire, sa tentative était surtout une réaction contre la conviction dans laquelle chacun était pendant la première moitié du XVIIe siècle que, seule, la langue italienne se prêtait à être mise en musique. C'est en voulant démontrer le contraire, et c'est dans la clairvoyance qu'eut Charles de Beys en le prouvant que réside la part de génie qui lui revient assurément.

Au reste, tandis que les Italiens traitaient des sujets généralement empruntés à la mythologie grecque, lui, ne forçant pas son talent, resta Français du XVIIe siècle en écrivant une bluette dont Amour fait exclusivement les frais. Toutefois, cette bluette a le mérite d'être fort bien conçue pour la scène, et, ainsi que nous le disions plus haut, d'avoir en outre été destinée à être mise en musique du commencement à la fin. De la sorte, bien qu'au point de vue musical elle n'ait été constituée que par une suite d'airs, de chansons mises au bout les unes des autres et choisies de telle manière qu'elles parussent avoir un lien entre elles, il n'en est pas moins vrai, cependant, que le *Triomphe de l'Amour* offre la première ébauche d'un opéra français, terme au reste assez pompeux pour un simple divertissement. Si bien que lorsque, aux premiers jours d'avril 1659, Pierre Perrin donna à son tour sa « Pastorale » à Issy, dans la maison de campagne de M. de la Haye, non seulement il n'innovait pas, comme on est accoutumé de le prétendre depuis quelques années, mais il copiait Charles de Beys, car il est impossible de songer que Perrin n'ait pas eu connaissance de l'essai de Charles de Beys. La chose fit assez de bruit pour que *la Gazette* de Renaudot rendît compte de son exécution devant le jeune Roi, la Reine-mère, Monsieur et divers personnages de la Cour, et pour que, de son côté, *la Muse historique* de Loret ne manquât de distribuer à la musique que Michel de La Guerre avait composée les louanges qu'elle méritait. C'est cependant au ravisseur qu'alla le succès. Pierre Perrin, qui n'avait fait que reproduire à peu près exactement le livret de son prédécesseur, se prévalut d'une invention qui appartenait à un autre, et Louis XIV, oubliant la Pastorale de Charles de Beys, et s'intéressant à tel point à ce que la Pastorale de Perrin lui paraissait avoir de nouveau, couronna « les efforts » de ce dernier en lui octroyant, par lettres patentes en date du 28 juin 1669, un Privilège lui donnant l'autorisation « d'establir par tout le royaume, des Académies d'Opéra, ou représentations en musique en langue françoise, sur le pied de celles d'Italie ».

Pour l'exploitation du privilège qui venait de lui être accordé, Perrin s'associa avec Cambert, ce qui était un choix heureux, Cambert, musicien de premier ordre, étant tout à fait digne d'assumer avec lui la direction artistique de l'entreprise projetée. Quant à la partie administrative, elle était malheureusement confiée au marquis de Sourdéac, l'un des hommes les plus habiles de son temps à imaginer des machines de théâtre, mais un ruffian notoire, et à Laurent Bersac, autre aigrefin, qui se parait indûment des noms et titres sonores de Laurens de Bersac de Fondant, escuyer, sieur de Champeron.

C'est dans le Jeu de Paume de la Bouteille, qui avait été loué pour cinq ans par Sourdéac et Champeron, que Guichard, intendant des bâtiments du duc d'Orléans, éleva la première salle d'Opéra. Elle fut construite en cinq mois et était située en face de la rue Guénégaud, sur l'emplacement de la maison qui porte actuellement le n° 42, rue Mazarine et le n° 43, rue de Seine. L'architecte lui conserva la forme allongée du Jeu de Paume dans lequel il venait de l'incorporer. Des loges avaient été construites et, suivant l'usage, le public restait debout au parterre. En ce qui concernait la scène, elle était spacieuse, parfaitement disposée et aménagée pour le jeu des machineries, qui, dès l'origine de l'opéra, furent un des attraits de ce spectacle.

L'inauguration eut lieu le 19 mars 1671.

La première pièce représentée fut *Pomone,* dont le livret était de Perrin et la musique de Cambert. Cet ouvrage avait été monté avec un grand luxe de machineries, Sourdéac s'était surpassé : au second acte, douze follets, transformés en fantômes, tom-

Le Nouvel Opéra de Charles Garnier.
Gravure de Lebel, d'après Fichot.

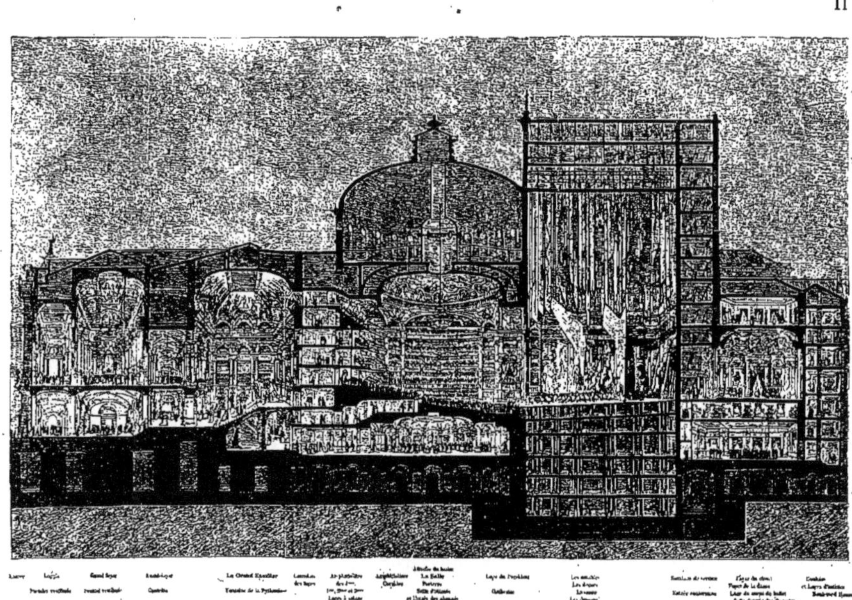

Coupe longitudinale du Nouvel Opéra.
Dessin de Karl Fichol et Henri Meyer, gravé par Méaulle.

baient du ciel dans un nuage enflammé; au dernier acte, dix-huit follets paraissaient portés sur des nuées. Cambert, qui, à vrai dire, était l'âme et le principal artisan de la première scène lyrique qui venait d'être créée en France, avait réuni et su former tout un personnel de chanteurs, de danseurs, de choristes et d'instrumentistes. Sa musique fut trouvée remarquable, certains « Concerts de flustes » entre autres, avaient, au dire de Saint-Evremond, enchanté tout Paris. Le succès de *Pomone* dépassa toutes les prévisions optimistes de Perrin et de ses associés. L'entreprise semblait donc devoir marcher à souhait. Cependant la discorde survint entre Perrin et de Sourdéac. Celui-ci se prévalant des avances faites par lui au poète, s'empara du théâtre et fit exclure Perrin de l'association.

Aussitôt on chargea Gabriel Gilbert d'écrire un livret destiné à être mis en musique par Cambert, ce sont *les Peines et les Plaisirs de l'Amour* représentés pour la première fois le 8 avril 1672, au théâtre de la rue Mazarine, dont Sourdéac avait définitivement pris la direction.

Tant au point de vue du poème qu'à celui de la musique, ce second opéra (Pastorale) était meilleur que le précédent. Le livret de Gilbert, infiniment plus littéraire que celui de Perrin, comportait un sujet vraiment scénique et dramatique qui se prêtait admirablement à la musique. Cambert sut en profiter. *Pomone* lui avait servi à augmenter sa technique et à acquérir une maîtrise qu'il montra dans *les Peines et les Plaisirs de l'Amour*. Dans cette nouvelle œuvre, son style s'était élevé, le récitatif y était noble sans être ennuyeux, les airs et les ensembles d'une grande beauté. Cet ouvrage, plus encore que *Pomone*, recueillit de nombreux et légitimes éloges. Le « Tombeau de Climène », en particulier, fut unanimement admiré.

Après ce second succès éclatant, l'entreprise paraissait être établie sur des bases solides et définitives; il n'en était rien. Dans l'ombre, toutes sortes de transactions s'élaboraient. Perrin, éconduit et harcelé par ses créanciers, perd la tête; il cède son privilège à l'Intendant de la musique du duc d'Orléans, Jean Granouillet, sieur des Sablières; puis, de plus en plus affolé, recède ce même privilège à un de ses créanciers, La Barroire. Enfin, le 23 novembre 1671, il fait un nouveau contrat de vente avec Guichard et Sablières.

C'est à ce moment qu'apparaît Lully. L'habile Florentin, profitant du désarroi dans lequel était Perrin, va le trouver à la Conciergerie, où il avait été enfermé pour crime de stellionat, et négocie avec lui la cession de son privilège, moyennant une pension que lui, l'astucieux Italien « Baptiste », devait lui servir. Cela n'était qu'un acheminement vers les hautes visées qu'avait Lully. Faisant adroitement appel à la bienveillance royale, il obtint de Louis XIV que le privilège octroyé à Perrin fût révoqué et reporté sur lui. Par lettres patentes en date du 13 mars 1672, Lully, qui avait francisé l'orthographe de son nom en y plaçant à la fin un Y au lieu d'un I, était autorisé à établir une « Académie Royalle de Musique ».

Ici se place une série de procès intentés à Lully :

1° par Sourdéac et Champeron; 2° par Sablières et Guichard, procès tendant à l'opposition de l'enregistrement de son Privilège.

Rien n'y fit. Le « surintendant » était tellement omnipotent et s'était à ce point insinué dans la faveur et les bonnes grâces du roi, qu'il obtenait encore que Louis XIV écrivît *lui-même* au lieutenant de police, M. de la Reynie, pour lui donner l'ordre de fermer la salle du Jeu de Paume de la Bouteille, où triomphaient chaque jour *les Peines et les Plaisirs de l'Amour*. La fermeture fut effective le 1er avril 1672.

Lully était victorieux, toute concurrence était désormais rendue impossible, il restait le seul maître des destinées de l'Opéra.

Cambert, qui venait de se placer en tête de la musique française, et qui, dès lors était en droit d'espérer recueillir la gloire que ses premiers succès lui avaient fait entrevoir, préféra s'expatrier plutôt que d'assister au triomphe de son rival. Il quitta Paris et se rendit à Londres où il fut accueilli de la façon la plus flatteuse, par Charles II. Ce prince fit de lui le Surintendant de sa musique, et c'est devant le roi que Cambert fît représenter son *Ariane,* ouvrage qui, au dire des contemporains, égalait les plus belles œuvres de Lully.

Malgré la haute estime dont il jouissait en Angleterre, Cambert ne se consola pas d'avoir été supplanté par le Florentin. Le cœur ulcéré par le souvenir de l'injustice dont il avait été l'objet, ce grand artiste mourut dans la capitale de la Grande-Bretagne, en 1677, à l'âge de 49 ans.

De ce qui précède il ressort nettement que pendant la période qu'on pourrait appeler « pré-lulliste », deux novateurs ont été dépouillés de leurs titres de gloire : l'un, Charles de Beys, par Perrin ; l'autre, Cambert, par Lully.

Nanti du pouvoir absolu, exclusif, d'établir une Académie royale de Musique à Paris, Lully va marcher à pas rapides : il veut aboutir. Non content d'éviter de s'entendre avec Sourdéac et Champeron pour l'exploitation de son privilège dans la salle de la rue Mazarine, il fait frapper cette salle d'interdit, cela après s'être assuré du Jeu de Paume de Bequet, dit du Bel-air, rue de Vaugirard, en le louant pour huit mois à Etienne et à François le Gaigneur et à la demoiselle Patru.

Le 23 août 1672, il s'associe avec l'architecte-décorateur Vigarini, chargé tout d'abord du soin d'organiser, d'une manière au reste assez provisoire, la salle du Jeu de Paume du Bel-Air.

Pendant l'aménagement de cette salle, Lully pousse fébrilement les répétitions du premier spectacle qu'il veut donner, spectacle, qu'en attendant mieux, il a constitué avec des fragments empruntés à des ouvrages composés par lui en collaboration avec Molière. C'est cet ensemble de scènes extraites des ballets et pastorales, données précédemment à la Cour, qui, sous le titre : *les Fêtes de l'Amour et de Bacchus*, fit l'ouverture, en somme peu sensationnelle, de la gestion Lullienne. Le véritable début de Lully dans le genre qu'il devait illustrer fut *Cadmus et Her-*

mione, le premier opéra qu'il écrivit en collaboration avec Philippe Quinault, « le tendre M. Quinault ».

Dès lors, Lully abandonnant la comédie-ballet, revient, quant au sujet du livret, au drame musical tel qu'on le conçut au xvie siècle, sujet tiré de la mythologie ou de l'histoire grecque : *Cadmus et Hermione* est une véritable tragédie mise en musique.

Représentée le 27 avril 1673 devant le Roi, Monsieur, Mademoiselle et toute la Cour, cette pièce obtint un tel succès que, le lendemain de la première, Louis XIV tint à marquer le contentement qu'il en avait éprouvé, en rendant une ordonnance permettant à son favori de donner les ouvrages de sa composition dans la salle du Palais-Royal où Molière avait fait représenter ses immortelles comédies jusqu'au jour de sa mort, 17 février 1673.

C'est là que pendant quatre-vingt-dix ans allaient se jouer les destinées de l'Opéra.

De 1673 à 1687, Lully y donna toutes ses œuvres théâtrales, y compris le ballet du *Triomphe de l'Amour,* représenté d'abord à la Cour puis à l'Académie de Musique, le 10 mai 1681. Ce ballet offre ceci d'important et de particulier, que Lully s'en servit pour inaugurer une nouveauté de laquelle il escomptait fort justement un effet assuré. C'était la participation des ballerines au corps de ballet; jusque-là les rôles de femmes avaient été tenus à l'Opéra par des hommes.

Mesdemoiselles Fontaine et Subligny, qui furent chargées de présenter l'idée de Lully, s'en acquittèrent à merveille et obtinrent un immense succès.

A la mort de Jean-Baptiste de Lully, survenue le 22 mars 1687, son gendre, de Francine, héritier de sa part du privilège de son beau-père, exploita l'Académie de Musique à partir du 27 juin 1687.

Depuis cette date jusqu'en 1763, quinze directions se sont succédé dans la salle du Palais-Royal. C'est sous la célèbre direction Rebel et Francœur que se déclara, le 6 avril 1763, l'incendie qui devait réduire en cendres l'édifice construit par Lemercier sur l'ordre du cardinal de Richelieu. L'Académie de Musique dut alors chercher asile autre part; c'est au Palais des Tuileries qu'elle le trouva. Soufflot fut chargé d'organiser une installation provisoire dans la Salle dite des Machines, pendant que Moreau érigeait un théâtre spécialement construit pour l'Opéra, sur l'emplacement de la salle incendiée. Cette seconde salle du Palais-Royal, à l'aile droite duquel elle était flanquée, avait sa façade sur la rue Saint-Honoré, et occupait à peu près la place où est percée aujourd'hui la rue de Valois. Elle fut inaugurée sous la direction Berton, Trial, Dauvergne et Joliveau, le 26 janvier 1770.

Le magnifique édifice bâti par Moreau fut de courte durée, un peu plus de onze années. Le 8 juin 1781, Dauvergne et Gossec étant directeurs, éclatait un incendie qui l'anéantit complètement. (Pl. IV.)

L'Académie de Musique dut encore émigrer. Cette fois il fallut se contenter de la petite salle des Menus-Plaisirs du roi, rue Bergère, et qui est devenue depuis la salle des Concerts du Conservatoire.

L'Académie de Musique resta peu de temps aux « Menus du Roi », trois mois à peine. Elle se transporta dans la salle de la Porte Saint-Martin, construite très rapidement par Lenoir.

Cette salle, qui suffisait parfaitement au service de l'Opéra, n'eut pas l'heur de plaire aux administrateurs chargés de gérer le théâtre au nom de la Commune de Paris. En 1794, sous un prétexte fallacieux, ils s'emparèrent du théâtre construit en 1793, par l'architecte Louis, sur la demande de la citoyenne Montansier. Ce vaste théâtre, qui s'appela d'abord le Théâtre National, prit ensuite le nom de Théâtre des Arts, puis celui de Théâtre de la République et des Arts. Il était situé rue de la Loi, la rue de Richelieu actuelle, à la place où est maintenant le square Louvois. (Pl. III.)

C'est dans cette salle que, pour la première fois, les spectateurs furent assis au parterre.

A la suite de l'attentat contre le duc de Berry, frappé mortellement par Louvel, le 13 février 1820, il fut décidé que la salle fatale serait détruite et qu'on éléverait un monument expiatoire sur l'emplacement qu'elle occupait.

Entre le 19 avril 1820 et le mois d'août 1821, l'Opéra donna quelques représentations dans la salle Favart et dans la salle Louvois, construite en 1791, par Brongniart.

Enfin, le 16 août 1821, était inaugurée la salle de la rue Le Peletier.

Construit provisoirement par Debret, dès 1868, l'édifice se tassait, ce qui fait qu'au point de vue strict du monument, l'incendie qui le détruisit dans la nuit du 28 au 29 octobre 1873 n'était pas un grand malheur.

Ce qui fut plus grave, c'est que les décors, les costumes et les parties d'orchestre des quinze ouvrages alors au répertoire furent anéantis. On eut aussi à déplorer la destruction des bustes de Gluck, par Houdon, et de Lully, bustes sauvés lors de l'incendie de 1781, au Palais-Royal. Les portraits de Mme Branchu et de Lays dans le rôle d'Anacréon furent également anéantis. Heureusement les Archives purent être sauvées.

Après cet incendie, la salle Ventadour servit à l'Académie de Musique et de Danse pour y donner ses représentations, cela à partir du 19 janvier 1874 jusqu'à l'ouverture de la salle actuelle.

Si les Grecs, en donnant au drame la forme la plus somptueuse que l'on puisse concevoir créèrent en même temps le type le plus parfait du théâtre en plein air, on peut dire que le génial architecte du Nouvel Opéra, Charles Garnier, a trouvé la formule du Théâtre moderne fermé. En effet, il n'est pas une salle de théâtre construite depuis celle de Charles Garnier qui ne s'inspire de sa formule, qui n'adopte le même parti. (Pl. I.)

Ce monument qui eut de nombreux thuriféraires eut aussi ses détracteurs.

Le Nouvel Opéra, quelle œuvre d'art ! Quelle grande chose! Quel magnifique corps organisé!

Les foyers, la salle et la scène sont également admirables. Ce qui est peut-être plus intéressant encore, et non moins admirable, c'est de « voir vivre » ce puissant organisme dont les artères, c'est-à-dire les

VUE DU THÉATRE DE L'OPÉRA
& de la Bibliothèque du Roi.

L'Opéra de la rue de Richelieu.
Dessin de Courvoisiers, gravé par Blanchard.

IV

Incendie de l'Opéra (deuxième salle du Palais-Royal),
dans la nuit du 8 Juin 1781.
Peinture d'Hubert Robert.

couloirs innombrables répandent, dispensent partout la vie.

Et puis, quel sens exact de l'organisation intérieure préside à l'installation de tous les services! Tout a été prévu.

L'ensemble est pareil à une immense ruche : nombreuses sont les cellules, les alvéoles, les loges réservées à chaque artiste, à chaque groupe, afin que tous puissent travailler au bien de la communauté. Artistes du chant, de la danse, musiciens, choristes, machinistes, balayeurs, sans compter les tailleurs, cordonniers, armuriers, menuisiers et serruriers, tout ce personnel, cette foule énorme d'employés agit en même temps pendant le jour et au cours des représentations : c'est vraiment l'activité perpétuelle de la ruche.

A la suite d'un concours auquel cent soixante et onze concurrents prirent part, le projet de Charles Garnier était choisi à l'unanimité. Aussitôt on se mit à l'œuvre.

Tout d'abord on eut à lutter contre une grosse difficulté : la nappe d'eau dont on savait l'existence, mais dont on ne connaissait pas l'importance, était considérable. Il fallut procéder à l'assèchement complet du sol afin de pouvoir y placer les puissantes fondations qui devaient pénétrer à vingt mètres de profondeur, travail énorme qui dura un an.

Il s'agissait à présent de bâtir. Le 21 juillet 1862, le comte de Valewski, alors ministre d'Etat, posa la première pierre apparente du Nouvel Opéra. Les fondations étaient terminées à la fin de l'année. (Pl. II.)

Sans entrer dans les détails de la construction, disons seulement que les travaux, poussés avec la plus grande activité, avancèrent rapidement. Repris après les événements de 1870-1871, qui en avaient naturellement interrompu le cours, le gigantesque monument était terminé à la fin de l'année 1874. Son édification n'avait duré que treize ans, ce qui est fort peu pour un monument de cette importance.

Le 5 janvier 1875 avait lieu la première représentation.

Les neuf directions qui se sont succédé dans le temple somptueux élevé par Charles Garnier à la gloire d'Euterpe et de Terpsichore, depuis Halanzier qui l'inaugura, jusqu'à la direction actuelle de Jacques Rouché, en passant par celle de P. Gailhard, ont su garder à l'Académie de Musique et de Danse le renom qu'elle s'était acquis précédemment.

En résumé, depuis sa fondation jusqu'à aujourd'hui, l'Académie de Musique et de Danse a été exploitée, dans douze salles différentes, par cinquante-huit directions; toutefois, en raison des associations et des groupes d'administrateurs chargés de gérer le théâtre au nom de la Ville et de la Commune de Paris, le nombre des directeurs qui présidèrent effectivement aux destinées de cette institution est sensiblement plus élevé.

Dans le même temps, c'est-à-dire pendant deux cent cinquante-trois ans, l'Académie de Musique et de Danse a représenté cinq cent quatre-vingt-dix-neuf opéras, deux cent treize ballets, vingt intermezzo et soixante-dix cantates et pièces patriotiques. Au total : neuf cent deux ouvrages.

Au cours des siècles le style de la musique d'opéra se modifia fréquemment ; néanmoins il y eut des périodes très marquées, véritables résultantes du goût des auditeurs, auxquels il fallut donner l'art qu'ils aimaient, car, ainsi que l'a si bien dit Ch. Gounod : « Quand un homme est directeur de théâtre, il est « fatalement condamné à prendre pour guide de ses « déterminations *l'évidence de ses intérêts*. Un direc- « teur de théâtre est en quelque sorte contraint de « *parier à coup sûr;* au lieu de donner *la Foi* au « public, c'est du public qu'il l'attend et la reçoit ; « c'est-à-dire que ce n'est pas le pilote qui conduit « l'équipage, mais l'équipage qui conduit le pilote. »

Si les publics des diverses époques eurent une esthétique différente, ce qui est après tout parfaitement naturel, car il est normal que ce qui plaît aux uns déplaise aux autres, — c'est la loi du monde —, il est une tendance qui se manifeste perpétuellement dans la masse de tous les publics : le snobisme. De là naît cette facilité à s'engouer tout d'abord de ce qui vient de l'étranger au détriment de ce que l'on a chez soi. Depuis Lully, l'Académie de Musique, qu'elle soit royale, impériale ou nationale, offre de nombreux exemples de ce snobisme.

Il n'en n'est pas moins vrai, cependant, que cet organisme a projeté et projette encore à présent un immense rayonnement; c'est qu'en réalité, il constitue un foyer intense de vie. Si toutes les passions y sont déchaînées, là aussi se rencontrent les plus nobles aspirations.

L'Académie de Musique et de Danse est un monde; elle contient en substance l'humanité tout entière ; l'écrivain qui voudrait en retracer les événements, en donner un tableau à peu près complet et exact, devrait se placer au double point de vue de l'historien et du psychologue.

L'Académie de Musique et de Danse n'est pas seulement un des attraits primordiaux de Paris, elle est une gloire nationale.

LA
BIBLIOTHÈQUE ET LE MUSÉE

En 1866, Charles Nuitter fondait, dans l'ancien édifice de la rue Le Peletier, la bibliothèque et les archives de l'Opéra.

Charles-Louis-Etienne Truinet, dit Nuitter, naquit à Paris le 24 avril 1828 et mourut dans cette ville en 1899. Après avoir fait d'excellentes études classiques, il travailla la jurisprudence et obtint le grade de Docteur en droit, mais bientôt il abandonna le barreau pour se consacrer à l'histoire du théâtre et au théâtre proprement dit.

Il fit paraître une série de vaudevilles aux titres suggestifs, qui obtinrent un certain succès : *La Perruque de mon oncle, L'Amour dans un ophicléide, Une mèche éventée, Un fiancé à l'huile, Une tasse de thé,* tinrent en effet l'affiche de 1852 à 1860. Cependant, dès 1855, Nuitter s'évadait de ce genre fort à la mode alors, pour se consacrer à des œuvres plus sérieuses. Il écrivit ainsi, en collaboration avec Beaumont : *Une Nuit à Séville,* opéra-comique en un acte, musique de Frédéric Barbier, représenté au Théâtre Lyrique, et fit, en 1859, une adaptation française du *Roméo et Juliette,* de Bellini. Puis il traduisit pour l'Opéra, *le Tannhauser,* de Richard Wagner, et enfin composa le ravissant argument de *Coppélia,* sur lequel

Léo Delibes devait écrire une partition musicale qui peut être considérée comme le prototype du ballet français pendant la période comprise entre 1870 et 1900 environ.

Homme d'un goût délicat et sûr, Charles Nuitter comprit de suite qu'à côté de l'érudition, l'art devait avoir sa place, qu'à côté des documents, des livres et des estampes, il fallait grouper des peintures, des dessins et des bustes qui, judicieusement choisis, pussent former un ensemble harmonieux et éducateur. C'est ainsi que se constitua l'embryon du musée actuel. Aussitôt formé, ce noyau s'augmenta de généreux dons, montrant que l'initiative prise par Charles Nuitter méritait d'être encouragée. Effectivement, cette initiative a porté ses fruits. Le Musée de l'Opéra, tel qu'il est actuellement, présente un grand intérêt, tant par la qualité que par le nombre des œuvres d'art exposées.

Les locaux occupés par la Bibliothèque et le Musée de l'Opéra sont d'une incomparable beauté. Ils furent construits par Charles Garnier pour servir aux réceptions impériales. Lorsqu'en 1875, on inaugura le nouvel Opéra, il n'était naturellement plus question de Napoléon III, c'est alors que Charles Nuitter, en habile diplomate, obtint, peu de temps après, que les services à la tête desquels il avait été officiellement placé, fussent installés où ils sont maintenant.

GUIDE SOMMAIRE

I. — LA BIBLIOTHÈQUE ET LE MUSÉE

L'ENTRÉE de la Bibliothèque et du Musée de l'Opéra est située rue Auber, place Charles-Garnier.

Dès que le visiteur a franchi la petite porte à droite de la grande grille placée devant le monument élevé à la mémoire du célèbre architecte, deux rampes majestueuses sont devant lui. Il monte celle de droite à l'arrivée de laquelle se trouve un vestibule en forme de rotonde appelé « Descente à couvert ». C'est là, en effet, que devaient descendre de leurs carrosses Napoléon III et les personnages de sa suite pour accéder à la loge impériale.

A droite de l'escalier qui conduit à cette loge, à présent loge présidentielle, et au grand palier de la Bibliothèque et du Musée, se voient le buste de Torelli, célèbre architecte-décorateur (1608-1678), à gauche, celui de l'abbé Perrin (1620-1675), poète agréable qui, avec le musicien Cambert, fut, avant Lully, l'un des créateurs de l'opéra français.

Le visiteur monte d'abord dix marches qui l'amènent à un premier palier, puis, après avoir gravi cinq nouvelles marches, à un second palier, où se voit, à droite, la maquette originale de l'Apollon, élevant sa lyre d'or, de A. Millet, groupe qui domine le grand pignon extérieur de la scène de l'Opéra (Cf. le cul-de-lampe de la couverture). A gauche et à droite de cette maquette, les bustes décoratifs du baryton Lasalle et de Rosine Laborde.

Continuant son ascension, le visiteur arrive en haut de l'escalier où il trouve un dernier palier consacré aux anciens directeurs de l'Académie de Musique et de Danse. Les bustes de Pedro Gailhard, d'Halanzier et de Bertrand y sont déjà installés, ainsi qu'un portrait d'Alphonse Royer. Les bustes d'Habeneck, chef d'orchestre de l'Opéra, fondateur de la Société des Concerts du Conservatoire, et d'Edouard Colonne y ont également pris place. A droite et à gauche de la porte qui, de ce côté, donne accès à la loge présidentielle, J.-Ph. Rameau, par Caffieri, et J.-B. Lully, par Coysevox. Sur ce palier on voit aussi un panneau composé d'armes et d'armures, accessoires de théâtre ayant servi aux représentations de l'Opéra.

Avant le Cabinet de l'Administrateur, un petit vestibule, réservé aux librettistes, contient les bustes de Scribe, de Louis Gallet et d'Anatole France, auteur de *Thaïs,* ce dernier buste, œuvre du statuaire Antoine Bourdelle (Pl. VIII). Là se trouve également le portrait du directeur Duponchel, peint par Lepaulle.

Voici enfin la porte de la Bibliothèque et du Musée.

Après avoir traversé une première pièce remplie de livres, où l'or patiné des reliures anciennes crée une atmosphère délicieuse, le visiteur pénètre dans la salle des Maquettes, laissée volontairement obscure, où seules les petites loggias occupées par les décors en réduction reçoivent un brillant éclairage. Les maquettes qui étaient exposées depuis de nombreuses années viennent d'être remplacées par d'autres choisies parmi les quatre cent quatre-vingt-douze maquettes de décors que possèdent les Archives de l'Opéra. La pénombre de cette salle prépare et fait admirablement valoir la luminosité de la pièce principale du Musée, longue galerie en bordure de la rue Auber.

Vu dans son ensemble, le Musée de l'Opéra donne une impression d'ordre, de méthode et de charme. Les couleurs chatoyantes des tableaux semblent former une ronde autour des bustes impassibles et leur communiquer une vie nouvelle, tandis que, dans les vitrines, les souvenirs des artistes qui furent la gloire de l'Académie de Musique et de Danse, apportent la douce intimité de leur présence.

J. Ph. Rameau.

Maquette de J. Allasseur.

VI

Richard Wagner.
Peinture de Renoir (1893).

II. — LA ROTONDE

Après avoir vu les objets exposés dans le Musée proprement dit, le visiteur s'arrêtera un moment à la *Salle de Lecture,* elle mérite d'être considérée dans son ensemble et dans ses détails.

Bien qu'inachevée, du moins quant à la décoration, cette salle, par ses dimensions, son ordonnance, le choix des matériaux employés pour sa construction, est une des plus belles du monument érigé par Charles Garnier. Il était au reste tout naturel qu'il en fût ainsi puisqu'elle fait partie des locaux réservés à l'Empereur et à l'Impératrice, et que, dans ce groupe, elle était prévue comme devant être la pièce d'apparat par excellence : le Grand-Salon. C'est en effet un très grand salon, car il occupe toute l'étendue et toute la hauteur du pavillon du chef de l'Etat.

Quoique cette rotonde soit réservée aux travailleurs, si leur nombre n'est pas trop considérable, le gardien de service pourra en autoriser la visite.

A gauche de la porte d'entrée on voit, tout d'abord, le portrait de la danseuse Sandrini, par Debat-Ponsan, une esquisse de Baul Baudry pour les peintures du grand foyer, puis le buste du chanteur Victor Maurel, par Stecchi. Passant devant une pièce consacrée aux expositions temporaires, le visiteur arrive aux portes-fenêtres d'où l'on jouit d'une curieuse vue sur les rues Auber et Scribe. Là se trouve un buste en marbre de Gardel, célèbre chorégraphe de l'Académie de Musique et de Danse, exécuté par F. Delaistre, en 1810, buste bien significatif de cette époque. Un buste de Boieldieu, par Dantan jeune, puis le Cabinet de l'Administrateur. Ensuite deux bustes intéressants : Ernest Reyer et Camille Saint-Saëns, par Marqueste, et, dans le panneau formant pendant à celui de gauche, la danseuse Zucchi, par Clairin. Enfin une série d'admirables esquisses (une grande et trois petites) de Paul Baudry, pour son œuvre capitale : la décoration du Grand-Foyer de l'Opéra.

CATALOGUE SOMMAIRE DES PRINCIPALES PIÈCES DU MUSÉE

[COMMENCER LA VISITE DU COTÉ GAUCHE, ALLER JUSQU'AU FOND DE LA GALERIE ET SUIVRE, EN REVENANT PAR LE COTÉ DES FENÊTRES]

Bibliothécaires et Archivistes de l'Opéra, de 1866 à 1924 :

MM. E. Reyer, Th. de Lajarte, A. Banès, M. Teneo, Ch. Malherbe, Ch. Nuitter, Ch. Bouvet, H. Quittard.

335. **Buste de Richard Wagner,** par BOZZI (1903).

Compositeur (1813-1883), auteur de *Tannhauser,* de *Lohengrin,* de *Tristan et Yseult,* des *Maîtres Chanteurs,* de la Tétralogie (*Anneau du Nibelung*) et de *Parsifal.*

212. **Portrait de H. M. Berton,** peint à l'huile par Mme J. DESORAS (1813).

Compositeur (1766-1844), fils de Pierre Montan-Berton, qui fut chef d'orchestre et directeur de l'Opéra de 1767 à 1776. Henri Montan-Berton, professeur d'harmonie au Conservatoire, puis directeur de l'Opéra italien, a composé : *la Rigueur du Cloître, le Nouveau d'Assas, Tyrtée, le Concert interrompu, Aline reine de Golconde, le Laboureur chinois,* pièce dans laquelle Mme Hymm s'habilla d'après les figurines des laques de Pékin (coiffures à la chinoise), etc.

262. **Répétition d'un concert dans la seconde salle du Palais-Royal,** dessin par GABRIEL DE SAINT-AUBIN.

Anciennes collections Delaherche et Destailleur; décrit par Goncourt, *l'Art du* XVIIIe *siècle,* t. II, p. 228.

222. **Portrait présumé de Jean-Philippe Rameau,** peint à l'huile, réplique d'un tableau du Musée de Dijon, attribué à AVED (reproduit dans l'ouvrage de G. Wildens, t. II, p. 106).

Véritable fondateur de l'harmonie moderne, Rameau occupe une place prépondérante dans l'histoire de l'art, tant au point de vue didactique qu'à celui de la musique proprement dite. Ses principaux ouvrages sont : *Hippolyte et Aricie, les Indes galantes, Castor et Pollux, les Festes d'Hébé, Dardanus, les Festes de l'Hymen et de l'Amour, Platée, Zoroastre,* etc.

188. **Portrait de Jelyotte,** appuyé sur une lyre, peint à l'huile. XVIIIe siècle (attribué à VAN LOO).

Pierre Jelyotte, chanteur (1710-1782), né près de Toulouse. Tint l'emploi de haute-contre à l'Académie royale de musique, de 1733 à 1755. Sa voix était fort belle, et l'expression de son chant, dramatique.

89. **Maquette : Salle du Théâtre des Machines au Palais des Tuileries,** reconstituée par DUVIGNAUD.

C'est dans cette salle que l'Académie royale de musique donna ses représentations de 1764 à 1770, après la destruction de la première salle du Palais-Royal.

270. **Mme Favart dans les « Trois Sultanes »,** dessin au lavis par BOCQUET.

Marie-Justine-Benoite Cabaret Duronceray (1727-1772), cantatrice et danseuse, épousa, en 1745, Charles-Simon Favart, directeur de l'Opéra-Comique. En 1752, elle fut reçue sociétaire du Théâtre italien.

581. **Apollon et Issé en paniers de baleine,** dessin par GABRIEL DE SAINT-AUBIN.

Issé, pastorale héroïque, tirée d'Ovide, paroles de La Motte, musique de Destouches. Une réaction devait s'établir à la fin du XVIIIe siècle contre ces costumes rigides et tout conventionnels.

555. **Buste de Rosine Bloch,** par CARRIER-BELLEUSE.

Cantatrice.

Vitrine murale : Affiches de théâtre du XVIIe siècle au XIXe siècle. — Statuettes de Fanny Elssler, par BARRE, et d'Emma Livry, par le même. — Charges, par DANTAN. — Caricature de Saint-Saëns, par KOTRA, etc.

563. **Buste de Mlle Invernizzi.**

Danseuse, créatrice de « Madame Chamoiseau » dans le ballet de *l'Etoile* (1897).

182. **Incendie de l'Opéra dans la nuit du 8 juin 1781** (deuxième salle du Palais-Royal), panneau à l'huile, par HUBERT ROBERT. (Pl. IV.)

303. **Nocart,** par BOILLY, fusain rehaussé.

Danseur (?).

203. **Portrait de Cornélie Falcon,** peint à l'huile, par E. CŒDÈS (1836).

Cantatrice (1812-1896), créatrice des *Huguenots*. A donné son nom à l'emploi dit « les falcon ».

143. **Buste de la Guimard,** par MERCHI, 1779, marbre. La terre cuite de ce buste figure au Musée des Arts décoratifs, salle Perrin.

Marie-Madeleine Guimard (1754-1816), danseuse de demi-caractère, connue pour sa grâce et ses nombreuses aventures. Très zélée, elle prétendait faire la loi à l'Opéra et eut avec l'intendance des Menus-Plaisirs plusieurs démêlés retentissants. Ses hôtels de Pantin et de la Chaussée d'Antin sont demeurés célèbres. Elle épousa en 1789 le danseur Jean-Etienne Despréaux, auteur d'un *Art de la danse*, imité de l'*Art poétique*, et inventeur du « Chronomètre musical ».

182 *bis.* **Décombres de l'Opéra après l'incendie de 1781**, panneau à l'huile, par HUBERT ROBERT.

327. **Simon dans le « Diable amoureux »**, rôle de Braccaccio, par EUGÈNE DELACROIX.

Danseur.

272. **Démolition du Théâtre Feydeau** (février 1831), aquarelle, par CH. PIERRON.

618. **Buste de Faure**, bronze, par GEMITO.

Chanteur (1830-1914), créateur d'*Hamlet*, de *l'Africaine*, de *Jeanne d'Arc*, etc.

Panneau central :

532. **Richard Wagner**, portrait à l'huile, par RENOIR [voir au n° 335]. (Pl. VI.)

370-371. **Le Déserteur**, ballet-pantomime de GARDEL aîné, musique de MILLER (1788), gouaches attribuées à MOREAU l'aîné. Scènes du 1er et du 3e acte.

340. **Christine**, pièce jouée en 1785 au théâtre de Gripsholm, tableaux de DESPRÉS. Scènes des actes I et III : le Jardin du comte de La Gardie et son cortège nuptial.

330. **Piano de Spontini**, en marqueterie, construit par la maison Erard.

Spontini, compositeur (1774-1851), dirigea la musique particulière de Joséphine avec la protection de laquelle il fit représenter *la Vestale*. Fut aussi directeur de l'Opéra italien.

166. **Buste de Mme Miolan-Carvalho**. par J. FRANCESCHI.

Marie-Caroline Miolan, cantatrice (1827-1895). Créatrice inoubliable du rôle de « Marguerite » dans le *Faust* de Gounod. Elle avait épousé Carvalho, qui devint directeur de l'Opéra-Comique.

261. **Réouverture du nouveau théâtre de la Comédie italienne.**

Dessin à la plume et aquarelle, frontispice de l'*Almanach historique*, publié par P. Landry, en 1689.

189. **Portrait de Fanny Cerrito,** peint à l'huile par JULES LAURE.

Danseuse, épousa, en 1845, le chorégraphe Saint-Léon, auteur de nombreux ballets auxquels elle collabora.

144. **Buste de Fanny Cerrito,** par P. GAYRARD (voir ci-dessus).

361. **Décor du XVIIIe siècle** formant pendant avec un décor analogue placé dans le panneau précédent.

A droite et à gauche de ce décor :

550-551. **Deux esquisses : l'Eté et l'Automne,** peintes à l'huile par THIRION.

Deux dessins à la plume, par FRANÇOIS BOUCHER :

344. Costume pour *Armide* (?).

350. Costume (voir plus loin, n° 349).

164. **Buste de Laure Fonta,** par G. DELSYE (1878).

Danseuse.

Vitrine murale : Costumes d'opéra, XIXe siècle, aquarelles de LACOSTE, ALBERT, LORMIER et LECOMTE. — Dessins du XVIIIe siècle. — Masques de théâtre. — Charges, de DANTAN; le docteur Véron, directeur de l'Opéra de 1831 à 1835; Meyerbeer, etc.

163. **Buste de Sophie Cruvelli,** par P. GAYRARD.

Danseuse.

330. **Portrait de Gluck,** dessin par COCHIN.

576. **Charles Gounod,** dessin au crayon, par CHALLARD (voir n° 148).

180. **Portrait de Monsigny**, peint à l'huile, par THEVENIN (1812).

P.-A. Monsigny, compositeur (1729-1817), appartient surtout à la Comédie italienne; cependant, l'Opéra a représenté de lui un ouvrage : *Aline, reine de Golconde.*

210. **Portrait de Donizetti**, peint à l'huile.

Gaetano Donizetti, compositeur (1797-1848). Auteur de cinq ouvrages représentés à l'Opéra : *les Martyrs, la Favorite, Don Sébastien, roi de Pologne, Lucie de Lammermoor* et *Betly.*

209. **Portrait de Grétry**, peint à l'huile.

A.-E.-M. Grétry, compositeur (1742-1813), n'eut pas moins de quinze ouvrages représentés à l'Opéra, parmi lesquels on peut citer : *Céphale et Procris, la Caravane du Caire, Panurge dans l'isle des lanternes, le Premier Navigateur ou le pouvoir de l'amour, la Double Epreuve ou Colinette à la Cour, l'Epreuve villageoise,* trois ballets et deux pièces révolutionnaires (sans-culottides) : *Denis le Tyran* et *la Rosière républicaine.*

353. **Costumes d'opéra**, sanguines, par J. BERAIN.

A gauche et à droite :

346. **Costumes du Carrousel royal**, deux dessins.

Ce Carrousel, donné en 1662, et dont la place du même nom évoque le souvenir, réunissait le quadrille des Indiens (duc d'Enghien), des Turcs (prince de Condé), des Sauvages (duc de Guise), des Perses (Monsieur) et des Romains. Ce dernier était commandé par le roi en personne, vêtu à la romaine et monté sur un cheval bai-brun.

349. **Dessin à la plume**, par FRANÇOIS BOUCHER :

Costume pour *Titon et l'Aurore*, XVIIIe siècle.

L'habillement était jonquille avec les franges de même; l'habit de dessous et les manches en argent.

Décor du 3e acte de " Gustave III ".
Gouache de Cicéri (1833).

VIII

Anatole France.
Sculpture de Bourdelle.

579. **Pauline Garcia**, par elle-même, dessin rehaussé.

Mme Viardot (voir plus loin, n° 147).

592. **Buste de Massenet**, par E. PIRON (1913).

264. **Buste de Leo Delibes**, par JOUANET.

Compositeur (1836-1891), commença par écrire de nombreuses opérettes, puis composa la musique des ballets : *la Source, Coppélia ou la Fille aux yeux d'émail, Sylvia ou la Nymphe de Diane*, représentés à l'Opéra, et des opéras-comiques : *Jean de Nivelle, Lakmé*.

285. **Carlotta Grisi**, aquarelle, par R.-E. CHALON (1843).

Danseuse (1821), créa, en 1841, *Giselle ou les Willis*, musique de A. Adam, et, en 1843, *la Péri*, musique de Frédéric Burgmüller, deux ballets fantastiques, dont les arguments étaient de Théophile Gautier, qui appelait Carlotta Grisi « la Dame aux yeux de violette ». Sa sœur Ernesta, cantatrice du Théâtre italien, était la mère de Judith et d'Estelle Gautier.

456. **Giulia Grisi**, fusain, par LÉONARD POYET.

Cantatrice (1811-1869), cousine de Carlotta. Elle épousa le comte Melcy et, en secondes noces, le ténor Mario. Elle avait une sœur, Giuditta, excellente cantatrice, qui se maria avec le comte Barni.

284. **Giulia Grisi**, aquarelle, par KRIEHUBER (voir ci-dessus).

Au centre de la salle, au-dessous du médaillon de Charles Garnier :

226. **Maquette du monument élevé à Paul Baudry**, à La Roche-sur-Yon, plâtre bronzé, par J.-L. GÉRÔME. Paul Baudry est l'auteur des peintures du grand foyer de l'Opéra.

266 *bis*. **Mme Cinti-Damoreau**, dessin de LOUIS BOULANGER.

Cantatrice (1801-1863), incarne une époque de la scène lyrique française.

266. **Scène de « Don Juan »** (2e acte), dessin de Louis Boulanger.

Portraits de Mme Cinti-Damoreau (rôle de Zerline) et du ténor Ad. Nourrit (rôle de Don Juan).

515. **Portrait d'Adolphe Nourrit**, sépia de Mélignan (1837).

Chanteur (1802-1839), fils de Louis Nourrit.

145. **Buste de Mme Cinti-Damoreau**, par J. Desp (voir ci-dessus, n° 266 *bis*).

Grande vitrine plate : Objets divers. Restes des vêtements portés par Emma Livry lors de son accident (voir plus loin, n° 156), fragment de corsage et chausson lui ayant appartenu. Moules et masques de théâtre, bombes d'Orsini, etc.

574. **Buste de Lablache**, par Dantan jeune (1831).

Chanteur (1794-1858).

178. **Vue de la salle de l'Opéra**, place Louvois, époque Restauration, peinture à la colle.

C'était l'ancienne salle construite par Mlle Montansier, rue de la Loi (de Richelieu), où l'Opéra National vint s'installer en 1794. Elle fut abandonnée par ordre royal, après l'assassinat du duc de Berry (1820).

348. **Costumes de la Comédie italienne.** Miniatures du XVIIIe siècle.

A gauche et à droite : Ensemble de caricatures :

382. **Galop chromatique « exécuté par le Diable de l'harmonie »**, Liszt, Habeneck, Lablache (18 avril 1843).

452. **Hector Berlioz**, par G. Tiret-Bognet.

452 *bis*. **Richard Wagner**, par le même (1891).

460. **Hector Berlioz**, monté sur le cheval de Troie, par le même (1891).

451. **Hector Berlioz et Wagner**, par le même (1891).

304. **Offenbach**, par TH. THOMAS.

Au centre de la salle : Petite vitrine contenant différents objets offerts à Massenet. — Dans les rayons du bas, plusieurs partitions manuscrites du compositeur. — Fauteuil de travail de Massenet et son piano-bureau, construit par la maison Pleyel.

165. **Buste de Gabrielle Krauss**, par J. FRANCESCHI.

Cantatrice (1842-1906).

Au centre : Costumes ayant appartenu à Adelina Patti. — Habit de membre de l'Institut porté successivement par Hector Berlioz et Ernest Reyer.

156. **Buste d'Emma Livry**, par Barre.

Jeanne-Emma Emmarot, dite Emma Livry, danseuse (1841-1863). A la fin de 1862, au cours d'une répétition de *la Muette de Portici*, où elle remplissait le rôle de « Fenella », le feu prit à sa jupe de gaze, et malgré le dévouement du sapeur Muller, qui parvint à étouffer les flammes, elle agonisa huit mois durant et mourut le 27 juillet 1863, à 22 ans.

292. **Portrait d'Emma Livry**, peint à l'huile par MARCK (voir ci-dessus).

87. **Maquette** : Machinerie théâtrale au XVIIIe siècle, deuxième salle d'Opéra au Palais-Royal (1770-1781), reconstituée par Philippon (voir n°s 182, 182 *bis* et 262).

Plus grande que la première, cette seconde salle du Palais-Royal était l'œuvre de Moreau, maître général des bâtiments de la ville. Elle épousait la forme arrondie, au lieu de la forme rectangulaire des anciens jeux de paume et offrait des loges découvertes, des loges d'avant-scène, innovations de Moreau. La scène, très profonde, permettait des changements à vue et se prêtait aux tableaux mythologiques alors en faveur.

312. **Adeline Plumkett,** dans *Moïse,* dessin aquarellé.

Danseuse.

147. **Buste de Pauline Viardot,** par AIMÉ MILLET, 1873 (voir n° 579).

Cantatrice (1821-1910), fille du chanteur-compositeur Manuel Garcia et sœur de la Malibran. Elle avait épousé, en 1841, Louis Viardot, directeur de l'Opéra italien de 1838 à 1840, avec qui elle entreprit des tournées musicales en Europe.

Vitrine plate : Autographes divers.

Au centre, grande vitrine à pans : Service à café offert au baryton J.-B. Martin, par les abonnés de l'Opéra-Comique, représentant l'artiste dans ses différents rôles. — Outils ayant servi à la pose de la première pierre de l'Opéra actuel (21 juillet 1862). — Statuette de Jenny Colon (Mme Leplus), par DANTAN JEUNE. — Objets divers.

287. **Buste d'Hérold.**

L.-J.-F. Hérold, compositeur (1791-1833). L'auteur de *Zampa* et du *Pré aux Clercs,* n'appartient au répertoire de l'Académie de Musique et de Danse que par deux opéras en un acte : *Lasthénie* et *Vendôme en Espagne,* ce dernier écrit en collaboration avec Auber. Plus quatre ballets-pantomimes.

278. **Caricature de Charles Garnier,** par E. GIRAUD, aquarelle (1865).

Architecte du Nouvel Opéra (1835-1898).

333. **Le Saut de Vestris,** caricature, par ISABEY.

Auguste Vestris, dit Vestris II, fils de Gaetano Vestris et de Mlle Allard (1760-1842), premier danseur demi-caractère et comique, le « Diou de la danse », difficile à manier et au surplus bête et insolent, disent les rapports de l'époque. Inventeur du saut, il paraissait se complaire dans les airs et ne redescendre qu'à regret après ses bonds prodigieux.

179. **Vue de l'atelier de décorations de l'Opéra** (salle Louvois), époque Restauration, peinture à la colle (voir n° 178).

88. **Maquette** : Coupe de la première salle du théâtre du Palais-Royal.

Cette salle, construite sous Richelieu, doit rester célèbre entre toutes. C'est là, en effet, qu'après la mort de Molière (1673), Lully obtint de transporter l'Académie de Musique, fondée au Jeu de Paume de la Bouteille, rue Mazarine. Les représentations y suivirent leur cours normal jusqu'au jour où un incendie réduisit en cendres cette première salle du Palais-Royal (6 avril 1763) (voir nos 89 et 87).

331. **Rosine Stoltz, comtesse de Naestchendorff**, crayon, par LAURENS (1857).

286. **Gueymard dans le rôle de « Mazaniello »** (*la Muette de Portici*), caricature, par DANTAN fils.

Chanteur.

Au centre : Bureau de Rossini. Sur ce bureau, divers objets lui ayant appartenu : sa pendule, « le premier meuble qu'il se soit donné après la représentation du *Barbier* » ; Rossini en charge, par DANTAN. — Médaille, par H. CHEVALIER. — Deux portraits offerts « à mon aimable », « à mon bien aimé Valpinson ». — Pendule offerte à Tamburini, gendre de Rossini, par ses admirateurs.

158. **Buste d'Eugénie Fiocre**, terre cuite, par CARPEAUX. (Le plâtre est au Musée du Louvre.)

Danseuse.

146. **Buste de Roger**, par PAUL GAYRARD.

Chanteur.

Au centre : **J.-Ph. Rameau**, par J. ALLASSEUR. (Pl. IV.)

Maquette de la statue placée dans le grand vestibule d'honneur de l'Opéra (première à gauche) (voir n° 222).

516. **Portrait d'Antoine Tamburini**, peint à l'huile, par ARY SCHEFFER.

Chanteur (voir ci-dessus).

580. **Buste de Rita Sangalli**, par DENYS PUECH.

Danseuse, créatrice de *Sylvia*, ballet de Léo Delibes (1876).

319. **Portrait de F. Rossini**, pastel, par Mlle ISABELLE MEYENDORFF (1849).

Compositeur (1792-1868), directeur du Théâtre Italien, auteur de *Guillaume Tell*, du *Siège de Corinthe*, du *Barbier de Séville*, etc. Il fut Intendant général de la musique de Charles X.

318. **Rossini sur son lit de mort**, sanguine de A. ROUX.

323. **Rita Sangalli** dans le ballet de *Psyché*, peint à l'huile par CHASSAIGNAC (1881) (voir n° 580).

202. **Portrait de F. Duvernoy**, peinture à l'huile de la fin du XVIIIe siècle.

F. Duvernoy (1765-1838) fut professeur de cor au Conservatoire.

204. **Portrait de H.-B. Dabadie**, peint à l'huile par CLAUDE-MARIE DUBUFE.

Chanteur (1797-1853).

90-91. **Maquette double :**

1° Salle de la Comédie française, installée rue Neuvedes-Fossés, quartier Saint-Germain-des-Prés, de 1689 à 1770;

2° Salle de la Comédie italienne (ancienne salle de l'Hôtel de Bourgogne, rue Mauconseil).

Reconstitution, par GABIN.

A gauche et à droite de la double maquette :

485. **Lucien Petipa,** premier maître de ballet de l'Opéra. Miniature.

273. **Décor du 3e acte de « Gustave III »,** opéra d'Auber (1833), gouache, par CICÉRI. (Pl. VII.)

471. **Portrait de Mazurier,** peint à l'huile.

404. **Aug. Mermet sur son lit de mort,** par DE PAGES.

Compositeur (1810-1889), auteur de *Roland à Roncevaux, Jeanne d'Arc,* etc.

299. **Meyerbeer sur son lit de mort,** crayon par E. MOUSSEAU.

148. **Buste de Gounod.**

Compositeur (1817-1893), auteur de *Faust,* de *Roméo et Juliette,* de *Mireille,* de *Philémon et Baucis,* du *Médecin malgré lui,* etc.

Au centre de la salle :

Petite vitrine : Objets divers : J.-B. Viotti, violoniste-compositeur, directeur de l'Opéra (1819-1821), miniature d'après le tableau de Tossarelli. — Boieldieu, compositeur, miniature. — Lully, miniature du XVIIIe siècle. — Fanny Elssler, danseuse, miniature par Mme DE MIRBEL; un bouquet qu'elle porta et un de ses chaussons. — Portrait de Méhul, compositeur, miniature. — Montre de Victor Capoul. — Tabatières de Schneitzhœffer, compositeur, et de Crosnier, directeur de l'Opéra (1854-1856).

Grande vitrine plate : Objets divers : Encrier de Spontini. — Portrait du chanteur Garat (miniature). — Plaquette offerte à la Malibran lors de ses représentations à Venise (avril 1835). — Portraits du chanteur Elleviou, de Lays, de Grétry. — Tasse et soucoupe de Rossini, avec les titres de ses ouvrages inscrits sur les feuilles décoratives. — Pochette de maître à danser, etc.

159. **Buste d'Ambroise Thomas**, par LÉOPOLD BERNSTAMM.

Compositeur (1811-1896), auteur d'*Hamlet*, de *Mignon*, du *Caïd*, du *Songe d'une nuit d'été*, etc.

307. **Etat des travaux du nouvel Opéra en mai 1865** (Pavillon des abonnés), aquarelle, par RENÉ LEHOUX.

415. **Groupe de la danse**, par CARPEAUX.

Photographie où se voit la tache d'encre. Envoi autographe du sculpteur à Napoléon III.

TABLE DES PLANCHES

PLANCHES

I. Le Nouvel Opéra de Charles Garnier.

Gravure de E. LEBEL, d'après Ch. Fichot.

II. Coupe longitudinale du Nouvel Opéra.

Dessin de KARL FICHOT et HENRI MAYER, gravé par Méaulle [*Journal Illustré,* 28 février 1875].

III. L'Opéra de la Rue de Richelieu.

Dessin de COURVOISIERS, gravé par Blanchard.

IV. Incendie de l'Opéra (deuxième salle du Palais-Royal) dans la nuit du 8 juin 1781.

Peinture d'Hubert Robert.

Musée de l'Opéra.

V. J. Ph. Rameau.

Maquette de J. ALLASSEUR pour la statue placée dans le Grand Vestibule d'honneur de l'Opéra.

Musée de l'Opéra.

VI. Richard Wagner.

Peinture de RENOIR [1893].

Musée de l'Opéra.

VII. Décor du troisième acte de *Gustave III,* opéra d'Auber.

Gouache de CICÉRI [1833].

Musée de l'Opéra.

VIII. Anatole France.

Sculpture d'ANTOINE BOURDELLE.

Bibliothèque de l'Opéra.

Le bandeau et le cul-de-lampe de l'Avant-propos (pp. 5 et 6) ont été exécutés d'après des bas-reliefs sculptés par ANTOINE BOURDELLE pour le Théâtre des Champs-Elysées.

TABLE DES MATIÈRES

DOCUMENTS D'ART

Collection d'ouvrages d'amateur in-4° (18 × 24) comportant un texte et un album de planches en portefeuille. La série se vend également reliée demi-chagrin, tête dorée, moyennant un supplément de **25** fr. par volume.

I. MUSÉE DU LOUVRE

Le Mobilier Français, par Carle Dreyfus. 2 volumes, 92 planches .. .. **70** fr.

Les Objets d'Art du XVIIIe siècle, par Carle Dreyfus. 2 volumes, 69 planches, dont 12 en couleurs. **75** fr.

La Céramique Française du XVIe siècle, par Mlle M.-J. Ballot. 1 vol., 48 planches, dont 25 en couleurs **75** fr.

La Céramique Chinoise, par J.-J. Marquet de Vasselot et Mlle M.-J. Ballot. 2 volumes, 84 planches, dont 60 en couleurs .. .. **130** fr.

L'Orient Musulman, par Gaston Migeon. 2 volumes, 103 planches, dont 30 en couleurs .. .. .. **120** fr.

L'Estampe Japonaise, par Gaston Migeon. 2 volumes, 77 planches, dont 37 en couleurs .. .. .. **100** fr.

Les Dessins de Michel-Ange, par Louis Demonts. 1 volume, 18 planches . .. . **25** fr.

Les Dessins de Léonard de Vinci, par Louis Demonts. 1 volume, 26 planches. .. .. **35** fr.

Les Dessins de Claude Gellée, dit le Lorrain, par Louis Demonts. 1 volume, 56 planches .. .. .. **50** fr.

Prud'hon, par Jean Guiffrey. 1 vol., 47 planches. **50** fr.

II. MOBILIER NATIONAL

Les Tapisseries d'Ameublement, d'après les cartons de François Casanova. 1 volume, 56 planches, dont 12 en couleurs .. .. **60** fr.

Le Mobilier Louis XVI. 1 volume, 56 planches. **40** fr.

Le Meuble-Toilette, Styles Louis XV, Louis XVI, Premier et Second Empire. 1 volume, 48 planches .. **45** fr.

Les Tables, Styles Louis XVI et Premier Empire. 1 vol., 58 planches .. .. **50** fr.

Les Sièges de Georges Jacob, Epoques de Louis XV, de Louis XVI et Révolutionnaire. 1 volume, 43 pl. **35** fr.

Les Sièges de Jacob frères, Epoques du Directoire et du Consulat. 1 volume, 42 planches .. .. .. **35** fr.

III. MANUFACTURES NATIONALES

Le Biscuit de Sèvres, Epoques du Directoire, du Consulat et de l'Empire, par MM. Lechevalier-Chevignard et Maurice Savreux. 40 pl. dont 12 en couleurs. **40** fr.

La Manufacture de la Savonnerie, par Louis Braquenié et Jean Magnac. 32 pl., dont 12 en couleurs. **75** fr.

IV. ART ORNEMENTAL

L'Alhambra de Grenade, par H. Saladin. 1 volume, 40 planches .. .. **30** fr.

Tissus indiens du Vieux Pérou, par R. et M. d'Harcourt. 1 volume, 40 planches, dont 36 en couleurs. **80** fr.

Vignettes Décoratives dans le goût du jour, par Louis Gillet. 1 volume, 30 planches en couleurs .. **60** fr.

V. L'ŒUVRE GRAPHIQUE

Les Eaux-fortes de Claude Gellée, par André Blum. 1 volume, 38 planches.. .. .. **50** fr.

L'Œuvre gravé d'Abraham Bosse, par André Blum. 1 volume, 44 planches. .. .. **50** fr.

ÉDITIONS ALBERT MORANCÉ
A PARIS, 30 & 32, RUE DE FLEURUS

L'UNION TYPOGRAPHIQUE, VILLENEUVE-ST-GEORGES.

www.ingramcontent.com/pod-product-compliance
Ingram Content Group UK Ltd.
Pitfield, Milton Keynes, MK11 3LW, UK
UKHW022126170726
13837UKWH00003B/1385

9 782329 199320